手間いらずで、
ここまでおいしい!!

のせて焼くだけオーブンレシピ

藤井 恵

永岡書店

ほったらかしで、こんなにおいしい！
オーブン料理のここがいい！

オーブン料理のうれしい特徴を、5つほどピックアップしました。

1 オーブンに入れたら あとはおまかせ

この本のオーブン料理は、下準備したらあとはオーブンに入れるだけ。焼いている間はコンロ調理のような火加減の調整がなく、ほったらかしでOK。その間にもう一品作ったりと、手際よく調理できるため、トータルの調理時間が短くてすみます。

2 素材のおいしさを引き出し、焦げ目もごちそう

オーブンは庫内の温度を均一に保つため、じっくりと焼くことでムラなく火が通り、素材自体のおいしさをぐっと引き出してくれます。また、表面にこんがりと焦げ目がつくと、なんとも食欲をそそる"おいしそう！"なビジュアルに。

3 添え野菜も一緒に焼けて、手間をカット

フライパンやオーブントースターなどに比べ、オーブンは一度にたくさん焼くことができるので、メインの肉や魚と一緒にサブの野菜を同時に焼くことも可能です。一品一品別々に作る手間が省け、献立作りもラクになります。

4 ど〜んと大きく焼けば、インパクト大！

ズッキーニのひき肉詰め焼き（P.27）や丸ごとパングラタン（P.79）のように、素材が大きいままでもじっくりムラなく焼けるのが、オーブンの魅力のひとつ。あえて大きいまま焼くことで、見た目も楽しめるおかずに。

5 焼いて→そのまま食卓に出せる

下準備した材料を耐熱容器に入れて焼く場合は、別の器に盛り代えずにそのまま食卓に出せます。その分、手間がかからず、洗い物も少なくてすむというのもうれしいポイント。また、器自体が熱いので、長くあつあつをキープしたまま食べられます。

⇒ オーブンを使うときは、ここに気をつけて！

あらかじめ予熱しておく
オーブンは、設定温度までしっかり予熱しておきましょう（天板は入れなくてOK）。予熱が不十分だと、庫内の温度が下がりやすく、焼きムラなどの原因に。

オーブンのクセをつかむ
オーブンは、機種などによって熱の回り方、温度の上がり方などに違いがあります。まずはレシピ通り作ってみて、クセをつかみましょう。温度が上がりづらい家庭用の電気オーブンは、あらかじめレシピの温度を10度上げて焼くといいでしょう。

オーブンOKの耐熱容器を使う
オーブンには、オーブン加熱に対応した耐熱容器を使います。電子レンジOKでも、オーブンでは使えない場合もあるので、事前にチェックを。

天板にはクッキングシートを敷く
クッキングシートはシリコン樹脂加工されているため、天板に敷いておくと、焼いても料理がくっつかず、さっとはがせます。後片づけもラクチン。

アルミホイルはきっちり閉じる
耐熱容器にアルミホイルをかぶせて焼くときは、中の蒸気が外に逃げないよう、器にギュッと押しつけてしっかりと閉じましょう。

Contents

オーブン料理のここがいい! ……… 2

オーブンでできる こんなこと、あんなこと

その1/
材料を並べてこんがり焼きに
タンドリーチキン ……… 7

その2/
アルミホイルをかぶせ、煮ものや蒸し焼きに
トマト煮込みハンバーグ ……… 9

その3/
天板に湯を注ぎ、湯せん焼きに
ハムとチーズの洋風茶わん蒸し ……… 11

その4/
生米からごはんも炊ける!
鮭とじゃがいものみそバターごはん ……… 13

さらにこんなこともできる! ……… 14

この本の使い方
- 計量カップは1カップ=200㎖、計量スプーンは大さじ1=15㎖、小さじ1=5㎖です。
- この本で使用したオーブンは、火力が強めのタイプのものです。温度が上がりづらい電気オーブンの場合は、あらかじめレシピの温度を10度上げて焼くのがおすすめです。温度をそれ以上上げられない場合は、様子をみながら焼き時間を長めにしてみてください。
- 電子レンジの加熱時間は、600Wを基準にしています。500Wの場合は、600Wの加熱時間の1.2倍の加熱時間を目安にしてください。なお、メーカーや機種によって加熱時間が異なる場合もあるので、様子をみながら加熱時間を加減してください。
- 野菜類は、洗う、皮をむく、ヘタを取るなどの作業を省略している場合があります。

Part 1/
ほったらかしで簡単!
肉、魚介、卵の メインおかず

⇒ 肉
鶏スペアリブの照り焼き ……… 17
きのこの洋風肉巻き焼き ……… 19
鶏のから揚げ風 ……… 20
エスニックミートボール ……… 21
焼きショーロンポー ……… 23
豚スペアリブの韓国風焼き ……… 25
ズッキーニのひき肉詰め焼き ……… 27
豚肉と白菜の重ね焼き
　ゆずこしょう風味 ……… 29
焼きポテトコロッケ ……… 31
ソーセージといんげん豆のカスレ風 ……… 33
鶏肉のチーズパン粉焼き ……… 34
なすカップのミートソース焼き ……… 35

⇒ 魚介
かじきのクリーム焼き ……… 37
いわしのハーブパン粉焼き ……… 39
鮭ときのこのマヨ焼き ……… 41
スコップクリームコロッケ ……… 42
たこのエスカルゴ風 ……… 43
えびのワンタン焼き ……… 45
さばのねぎみそ焼き ……… 47

⇒ 卵
中華めん入り卵蒸し ……… 49
食パンdeキッシュ ……… 51
パプリカの落とし卵焼き ……… 53

Part 2/
素材のおいしさを存分に！
野菜の シンプルレシピ

ブロッコリーの
　オイルウォーター焼き タイム風味 …… 65
にんじんの
　和風オイルウォーター焼き …… 65
アスパラの落とし卵焼き …… 65
丸ごと玉ねぎのロースト …… 66
ローストポテト …… 67
アボカドの明太子焼き …… 68
かぼちゃのオレンジ焼き …… 69
れんこんのなめたけ焼き …… 70
しいたけカップの塩辛焼き …… 71
ホットピクルス …… 72
長いもの梅オイスター焼き …… 73

Part 3/
華やか&ラクチン！
ちょこっと ごちそうメニュー

ローストポーク …… 83
エスニックセサミチキン …… 85
えびとほたてのごちそうグラタン …… 86
ミートローフ …… 89
いかめし …… 91
シェパーズパイ …… 93
えびとマッシュルームのアヒージョ …… 94
プチトマトのアヒージョ …… 95

Column 1
3品同時に焼いて ラクラク献立

アスパラの肉巻き献立 …… 55
　アスパラの肉巻き
　かぼちゃのレモン蒸し
　焼ききのこのポン酢あえ
あじのごま焼き献立 …… 57
　あじのごま焼き
　ブロッコリーのおかかホイル蒸し
　れんこんとにんじんのきんぴら風
ピーマンドリア献立 …… 58
　ピーマンドリア
　卵のふわふわココット焼き
　キャベツの粒マスタード蒸し

Column 2
あると便利な作り置きソース

ホワイトソース …… 61
ミートソース …… 61
マッシュポテトソース …… 62

Column 3
ひと皿で満足！ ごはん&パンレシピ

チョリソとピーマンの
　ジャンバラヤ風 …… 75
オイルサーディンごはん …… 76
焼きのり巻き2種 …… 77
丸ごとパングラタン …… 79
フレンチトースト …… 80

200℃ 30-40分

オーブンでできる こんなこと、 あんなこと

オーブンは「焼く」だけでなく、ほかにもいろいろな調理が大得意。
ほっとくだけでおいしくなる"オーブンマジック"は
ふだんのおかず作りに大いに役立ちます。

その1／材料を並べてこんがり焼きに

オーブンは庫内の温度を一定に保ち、素材からの水分蒸発が少ないので、材料を並べて焼くだけで、こんがり、ジューシーに仕上がります。

タンドリーチキン

調味料が焦げやすく、コンロ調理だと火加減の調整が必要。オーブンならほったらかしで、中が生焼けの失敗もなし！

a

材料（2〜3人分）
鶏手羽元 … 10本
じゃがいも … 2個 → くし形に切る
ズッキーニ … 1本
　→ 長さを半分に切って縦4〜6つ割り
A｜玉ねぎ … ⅛個 → すりおろす
　｜しょうが … 1かけ → すりおろす
　｜にんにく … 1かけ → すりおろす
　｜バター … 10g → 小さくちぎる
　｜カレー粉 … 大さじ1½
　｜白ワイン、マヨネーズ … 各大さじ1
　｜トマトケチャップ … 大さじ½
　｜塩 … 小さじ½

作り方

1. ポリ袋にAを入れて混ぜ、手羽元を加えてもみ込み、冷蔵庫で30分以上おく。

2. 天板にクッキングシートを敷き、1、じゃがいも、ズッキーニを並べ（写真a）、200度に予熱したオーブンで30〜40分焼く。器に盛り、好みでじゃがいもとズッキーニに塩、こしょう（分量外）をふる。

Point
ポリ袋の中で調味料と肉をしっかりともみ込み、口を閉じて味をしみ込ませる。このまま、ひと晩冷蔵庫で保存できる。

その2／アルミホイルをかぶせ、煮ものや蒸し焼きに

耐熱皿にアルミホイルをかぶせて"ふた"をすれば、煮ものや蒸し焼きもOK。素材のうまみがギュギュッと詰まった味わいが、格別です。

トマト煮込みハンバーグ

焼き時間は少しかかりますが、焼いている間はほったらかし。じわじわとムラなく火が入るので、ふっくら、ジューシー！

a　　b

材料（2人分）
合いびき肉…250g
A ┃ 玉ねぎ…¼個 →みじん切り
　┃ 卵…1個
　┃ パン粉…½カップ
　┃ 塩…小さじ⅓
　┃ こしょう…少量
B ┃ トマト水煮缶…1缶（400g）→細かくつぶす
　┃ にんにく…1かけ →すりおろす
　┃ しょうゆ…小さじ1
　┃ 塩…小さじ⅓
　┃ こしょう…少量
粗びき黒こしょう…適量

作り方

1. ボウルにAを入れて混ぜ、ひき肉を加え、粘りが出るまで練り混ぜる。6等分にし、丸める。

2. Bを混ぜ、耐熱容器2個に等分に入れ、1を3個ずつのせる（写真a）。アルミホイルをかぶせてきっちりと閉じ（写真b）、250度に予熱したオーブンで30分ほど焼く。アルミホイルをはずし、200度に下げて15分ほど焼き、黒こしょうをふる。

Point
ひき肉だねは、粘りが出るまでよく練り混ぜるのがコツ。こうすると、しっとりと仕上がる。

180℃
30分

その3／天板に湯を注ぎ、湯せん焼きに

天板に湯を張って焼けば、蒸し器がなくてもなめらかな舌ざわりの茶わん蒸しが作れます。耐熱容器にアルミホイルでしっかりとふたをするのがポイント。

ハムとチーズの洋風茶わん蒸し

チーズや牛乳などの乳製品で洋風にアレンジ。厚みのある耐熱容器ならじわじわと加熱され、すが入りにくい！

a　　b

材料（2人分）
- 卵 … 2個
- ロースハム … 4枚 **→みじん切り**
- プチトマト … 4個 **→4つ割り**
- 玉ねぎ … 1/8個 **→みじん切り**
- 粉チーズ … 大さじ2
- A │ 牛乳 … 250ml
　　│ 生クリーム（なければ牛乳）… 50ml
　　│ 塩、こしょう … 各少量
- パセリのみじん切り … あれば適量

作り方

1. ボウルに卵を割り入れ、Aを加えて混ぜる。
2. 耐熱容器にハム、プチトマト（仕上げ用に少し残しておく）、玉ねぎ、粉チーズの半量を入れ、1をこしながら加え（写真a）、アルミホイルをかぶせてきっちりと閉じる（写真b）。天板にのせ、湯を天板の1cm高さまで注ぎ入れ、180度に予熱したオーブンで30分ほど焼く。アルミホイルをはずして仕上げ用のプチトマトをのせ、残りの粉チーズ、あればパセリをふる。

Point_1
具を耐熱容器の全体にまんべんなく入れ、そこに卵液をこしながら加える。こすことで、舌ざわりもなめらかに。

Point_2
天板に湯を注ぐときは、湯がこぼれてやけどをしないように気をつけて。焼き上がって取り出すときにも注意を。

その4／生米からごはんも炊ける！

耐熱容器にアルミホイルでふたをすれば、ごはんも炊けます。おいしく炊くコツは、中の水分が逃げないよう、アルミホイルを二重にし、すき間なくきっちりと閉じること。

鮭とじゃがいもの みそバターごはん

鮭と相性のいいみそとバターのコンビネーション。蒸らし時間をとることで、ふっくらおいしく！

a

b

作り方

1. 耐熱容器に米を浸水させたまま入れ、酒、みそを加えて混ぜる。鮭フレーク、じゃがいもをのせ、バターを小さくちぎって散らす（写真a）。

2. アルミホイルを二重にしてかぶせ、きっちりと閉じ（写真b）、180度に予熱したオーブンで30分ほど焼く。取り出し、そのまま10分ほど蒸らす。

3. アルミホイルをはずし、万能ねぎを散らす。

＊蒸らしたあと、米がかたい場合は、ラップをかけて電子レンジで5分ほど加熱するとよい。

材料（2人分）
米 … 1合（180㎖）
　→洗ってざるに上げ、
　　水200㎖に30分以上ひたす
鮭フレーク（市販品）… 大さじ4
じゃがいも … 1個
　→1.5cm角程度に切り、
　　さっと水洗いする
万能ねぎ … 2本 → 斜め切り
酒 … 大さじ1
みそ … 小さじ2
バター … 10g

Point
耐熱容器に米を水と一緒に入れ、酒とみそを混ぜる。みそは、少し溶け残った状態でOK。

白いごはんも炊けます！

材料
米 … 1.5合（270㎖）、水 … 300㎖

作り方
1. 米は洗ってざるに上げ、分量の水に30分ほどひたす。
2. 耐熱容器に1を入れ、アルミホイルを二重にしてかぶせてきっちりと閉じ、180度に予熱したオーブンで30分ほど焼く。取り出し、そのまま10分ほど蒸らす。

＊耐熱容器が厚めのタイプの場合は、焼き時間を40分にするとよい。

さらにこんなこともできる！

その5／
揚げずに揚げものが
カリッと！

衣に工夫をすることで、オーブン焼きでも揚げたようにカリッと仕上がります。から揚げやコロッケも揚げずに作れるので、揚げたあとの油の処理も不要です。しかもヘルシー！

その6／
魚だって、
ふっくらと焼ける！

干ものなどの魚も、途中で裏返すことなく、こんがりふっくら焼けます。魚焼きグリルに比べて一度にたくさん焼け、焼いたあともクッキングシートを捨てるだけでラクチン！

＊あじの干ものの焼き時間は、220度で約15分。

その7／
3品同時調理で
献立が一気に完成！

3品分を天板にのせてオーブンへ。同時調理なら、献立作りも効率アップ！ アルミホイルで包んだり、耐熱容器に入れたりなどのちょっとした工夫で、味移りも心配ありません。

Part 1

ほったらかしで簡単！

肉、魚介、卵の メインおかず

いつもの材料、お家にある調味料で手軽に作れる
ほったらかしメニューが大集合。
和風、洋風、中華風と、味わいはさまざまで、
ごはんによく合うおかずも盛りだくさん！
思った以上に簡単だから、忙しいとき、
作りたくないときほど、
オーブンがあなたの強〜い味方になってくれます。

200℃
22-23分

メインおかず →

a

鶏スペアリブの照り焼き

下味に梅酒を加えることで、照り照りの焼き上がり！
火の通りやすいししとうがらしは、焼いている途中で加えます。

材料（2〜3人分）
鶏スペアリブ…500g
ししとうがらし…10本
　→1か所切り込みを入れる
A｜しょうゆ…大さじ2
　｜梅酒（またはみりん）、砂糖
　｜　…各大さじ1
　｜酒、しょうがのしぼり汁
　｜　…各大さじ½

作り方

1　ポリ袋にAを入れて混ぜ、鶏スペアリブを加えてもみ込み、冷蔵庫で20分以上おく。

2　天板にクッキングシートを敷いて1を並べ（写真a）、200度に予熱したオーブンで20分ほど焼く。取り出して、天板の空いた所にししとうを並べ、さらに200度で2〜3分焼く。

Point
鶏肉と調味料をポリ袋に入れてもみ込めば、手が汚れず、そのまま口を閉じて漬けておけるので、便利。

メインおかず ⇒ 肉

a

きのこの洋風肉巻き焼き

お家によくある調味料で、ドミグラスソース味に。
こんがり焼けて、味も香りも凝縮したきのこも美味。

材料（2人分）
豚ロース薄切り肉…10枚
えのきだけ…1袋
　→根元を切り落とし、半分の長さに切る
しめじ…1パック→石づきを取る
A｜塩、こしょう…各少量
　｜白ワイン（または酒）…大さじ1
B｜玉ねぎ…1/10個→すりおろす
　｜にんにく…1/2かけ→すりおろす
　｜トマトケチャップ…大さじ3
　｜中濃ソース…大さじ1 1/2
　｜オイスターソース…大さじ1/2
バター…10g

作り方

1 豚肉はAを順にまぶし、10分ほどおく。Bは混ぜ合わせる。

2 肉1枚にえのきだけの1/4量をのせ、くるくると巻く。これをあと3個作る。残りの肉1枚にしめじの1/6量をのせ、同様に巻く。これをあと5個作る。

3 耐熱皿に2を並べ、Bをかけ、バターを小さくちぎって散らす（写真a）。200度に予熱したオーブンで20分ほど焼く。

Point
豚肉10枚のうち、4枚はえのきだけを、6枚はしめじを巻く。少しきつめに巻くのがコツ。

鶏のから揚げ風

油で揚げなくても、味わいはまさに"から揚げ"！
衣に片栗粉を使うと、小麦粉よりもよりカリッと仕上がります。

220℃
15分

材料（2人分）

鶏もも肉（から揚げ用）…300g
ブロッコリー…½株
　→大きめの小房に分け、
　　水にひたして水けをきる
A｜しょうが…1かけ→すりおろす
　｜マヨネーズ…大さじ1½
　｜酒、しょうゆ、練りがらし
　｜　…各大さじ1
　｜ごま油…大さじ½
　｜塩…少量
片栗粉…大さじ2

作り方

1. ポリ袋にAを入れて混ぜ、鶏肉を加えてもみ込み、冷蔵庫で20分以上おく。
2. 1に片栗粉を加え、もみ込む。
3. 天板にクッキングシートを敷いて2とブロッコリーを並べ（写真a）、220度に予熱したオーブンで15分ほど焼く。

a

メインおかず ⇒ 肉

エスニックミートボール

ナンプラーで下味をつけたねぎ入りの肉だねを、丸めて焼くだけ。
外はカリッ！　中はジューシーで、クセになるおいしさ。

200℃
15分

材料（2人分）
鶏ひき肉…300g
万能ねぎ…5本→小口切り
にんにく…1かけ→みじん切り
A｜卵…1個
　｜パン粉…1カップ
　｜ナンプラー…大さじ½
　｜豆板醤、砂糖…各小さじ½
香菜…あれば適量

作り方

1　ボウルにひき肉、A、ねぎ、にんにくを入れ、粘りが出るまでよく練り混ぜ、8等分にする。手にサラダ油少量（分量外）をつけ、丸める。

2　天板にクッキングシートを敷いて1を並べ（写真 a ）、200度に予熱したオーブンで15分ほど焼く。器に盛り、あれば香菜を添える。

a

メインおかず ⇒ 肉

a　　　b

焼きショーロンポー

蒸し器がなくても、オーブンで蒸し焼きにすれば簡単。
肉だねにゼラチンを混ぜると、肉汁がジュワッ〜！

材料（2人分）
豚ひき肉…150g
玉ねぎ…¼個→みじん切り
ギョーザの皮…大14枚
　→重ねて縁を指で押して、広げる
粉ゼラチン…5g
　→水大さじ2にふり入れ、ふやかしておく
A ｜ 顆粒中華スープの素…小さじ½
　 ｜ 熱湯…大さじ4
片栗粉…大さじ1
B ｜ しょうが…1かけ→すりおろす
　 ｜ しょうゆ…大さじ½
　 ｜ 砂糖…小さじ½
　 ｜ 酒、ごま油…各大さじ½
しょうがのせん切り、酢、しょうゆ
　…好みで各適量

作り方

1. Aを混ぜ、ふやかした粉ゼラチンを加えて混ぜ、溶けたら冷凍庫に入れ、冷やし固める。玉ねぎは耐熱容器に入れ、電子レンジで1分加熱して冷まし、布巾に包んで水けをしぼり、片栗粉をまぶす。

2. ボウルにひき肉を入れ、Bを順に加えてよく混ぜる。1の玉ねぎを加えて混ぜ、1の固めたスープも加えて手早く混ぜる。

3. ギョーザの皮の真ん中に2をのせ、ひだを寄せながら包み、上をつまんで留める。

4. 耐熱容器にクッキングシートを敷いて3を並べ（写真a）、アルミホイルをかぶせてきっちりと閉じる（写真b）。天板にのせ、湯を天板の1cm高さまで注ぎ入れ、180度に予熱したオーブンで20分ほど焼く。好みでしょうが、酢、しょうゆを添える。

Point
皮はまとめて重ねたまま縁を押し広げて薄くしておくと、包んだときにひだを寄せた部分が厚くならない。

メインおかず ⇒ 肉

a

豚スペアリブの韓国風焼き

ピリッと辛い韓国風の味つけは、ごはんのおかわり必須のおいしさ。
大根は肉をのせて焼くので、肉のうまみがよくなじみます。

材料（2人分）
豚スペアリブ…6本
　→肉の部分に2〜3か所、切り込みを入れる
大根…9cm→1.5cm厚さの輪切り
A ┃ にんにく…1かけ→すりおろす
　┃ しょうが…1かけ→すりおろす
　┃ ねぎ…5cm→みじん切り
　┃ しょうゆ…大さじ3
　┃ 砂糖…大さじ2
　┃ 酒、みりん…各大さじ1
　┃ ごま油…大さじ1/2
　┃ 粉とうがらし（韓国産）…小さじ1/2

＊粉とうがらしがない場合は、
　一味とうがらし少量にすればOK。

作り方

1　ポリ袋にAを入れて混ぜ、スペアリブを加えてもみ込み、冷蔵庫で30分〜ひと晩おく。

2　鍋に大根を入れ、かぶるくらいの水を注いで中火にかける。沸騰したら5〜6分ゆで、湯をきる。

3　天板にクッキングシートを敷いて大根を並べ、その上にスペアリブを漬け汁ごとのせ（写真a）、180度に予熱したオーブンで20〜25分焼く。

Point
あらかじめ肉の部分に切り込みを入れておくと、骨離れがよく、食べやすい。

メインおかず ⇒ 肉

ズッキーニの
ひき肉詰め焼き

ズッキーニに肉だねを詰めて、そのままオーブンへ。
じっくりとムラなく火が入るので、中までジューシー！

a

材料（2人分）
合いびき肉…150g
ズッキーニ…1本
　→縦半分に切り、半分ほどくり抜く。
　　くり抜いた部分はみじん切り
にんじん…1本→1cm幅の輪切り
A｜玉ねぎ…¼個→みじん切り
　｜パン粉…½カップ
　｜マヨネーズ…大さじ1
　｜クミンパウダー（なければカレー粉）、
　｜　塩…各小さじ½
　｜こしょう…少量
塩、こしょう、小麦粉…各適量
オリーブ油…大さじ½
イタリアンパセリ…あれば適量

作り方

1　ボウルにA、みじん切りにしたズッキーニを入れて混ぜ、ひき肉を加えてよく混ぜる。

2　ズッキーニのくり抜いた面に塩、こしょう各少量をふり、小麦粉を薄くまぶして1を等分に詰める。

3　天板にクッキングシートを敷き、2、にんじんを並べ、にんじんに塩、こしょう各少量をふってオリーブ油をかける（写真a）。200度に予熱したオーブンで20〜25分焼く。器に盛り、あればイタリアンパセリを添える

Point_1
ズッキーニはやわらかいので、スプーンで簡単にくり抜ける。くり抜いた部分はみじん切りにして肉だねに混ぜる。

Point_2
くり抜いた部分に小麦粉をふっておくと、焼いても肉だねがはがれにくい。肉だねは、こんもりと詰めて。

メインおかず ⇒ 肉

a

豚肉と白菜の重ね焼き
ゆずこしょう風味

オーブン焼きならではの香ばしさ、肉のうまみや白菜の甘みも存分に楽しめます。ゆずこしょうがピリリとアクセントに。

作り方

1. 豚肉はAをまぶす。

2. 耐熱皿に白菜を立てて詰め、白菜の間に1をはさみ込む（写真a）。200度に予熱したオーブンで20分ほど焼き、ゆずを添える。

材料（2人分）
豚バラ薄切り肉…200g
　→5～6cm長さに切る
白菜…¼個→4～5cm長さのざく切り
A ｜ 酒…大さじ3
　｜ しょうゆ…大さじ1
　｜ ゆずこしょう…小さじ1
　｜ 塩…小さじ⅓
ゆず…1個→半分に切る

Point
耐熱皿に白菜をぎゅうぎゅうに詰めてから、その間に肉をはさみ込む。豚肉のうまみが白菜にしっかりしみ込む。

メインおかず ⇒ 肉

a

焼きポテトコロッケ

揚げずに作れる手軽さが、なんといっても魅力的。
サクサクと軽い口当たりで、思った以上にペロリといけます！

材料（2人分）
ハム … 4枚 →みじん切り
マッシュポテトソース（P.62）
　… 300㎖ →冷蔵庫で冷やしておく
こしょう … 少量
A｜小麦粉、水 … 各大さじ3
B｜パン粉（乾燥）… ¾カップ
　｜オリーブ油、粉チーズ … 各大さじ2
中濃ソース … 適量
ベビーリーフ … あれば適量

作り方

1　ボウルにハム、マッシュポテトソース、こしょうを入れて混ぜ、4〜6等分にし、小判形に形を整える。

2　AとBをそれぞれ混ぜ合わせる。

3　1にAをしっかりとからめ、Bを全体にまぶす。

4　天板にクッキングシートを敷いて3を並べ（写真a）、200度に予熱したオーブンで20分焼く。器に盛ってソースをかけ、あればベビーリーフを添える。

Point
乾燥パン粉に油と粉チーズを混ぜておくと、こんがりと見た目にもおいしそうに焼き上がる。チーズの風味もおいしさにひと役。

メインおかず ⇒ 肉

a   b

ソーセージと
いんげん豆のカスレ風

ゆで豆を使い、フランスの家庭料理を超簡単にアレンジ。
時間差でパン粉をかけて、表面をカリッと仕上げます。

作り方

1. 耐熱容器にいんげん豆、玉ねぎ、トマト、ベーコンを順に入れ、塩、こしょうをふる（写真a）。200度に予熱したオーブンで20分ほど焼く。

2. 取り出し、ソーセージをのせてパン粉をかけ（写真b）、さらに200度で20分ほど焼く。

材料（2人分）

ウインナーソーセージ（好みのもの2種）
　…各2本（200g）
ベーコン…2枚→**1cm幅に切る**
白いんげん豆（水煮）…1缶（380g）
　→**缶汁をきる**
トマト…1個→**粗みじん切り**
玉ねぎ…⅛個→**すりおろす**
塩、こしょう…各少量
パン粉（乾燥）…¼カップ

Point

耐熱容器に材料を次々に重ね、塩、こしょうで調味したらオーブンへ。ソーセージとパン粉は時間差でのせる。

鶏肉のチーズパン粉焼き

パン粉に粉チーズを混ぜて溶かしバターをかけると、
風味がアップするうえに、こんがりきつね色の焼き上がりに。

200℃ 20分

a

材料（2人分）
鶏むね肉…2枚（320g）
　→大きめの一口大にそぎ切り
パプリカ（赤・黄）…各½個
　→1cm幅の棒状に切る
A ┃ にんにく…1かけ→すりおろす
　┃ 牛乳…大さじ2
　┃ 塩…小さじ⅓
　┃ こしょう…少量
小麦粉…大さじ2
B ┃ パン粉（乾燥）…½カップ
　┃ 粉チーズ…大さじ4
バター…20g
　→耐熱容器に入れ、電子レンジで
　　30秒加熱し、溶かす
クレソン…あれば適量

作り方

1　ポリ袋にAを入れて混ぜ、鶏肉を加えてもみ込み、冷蔵庫で20分以上おく。

2　1に小麦粉を加えてもみ込み、粉っぽさがなくなったら混ぜたBをまぶす。

3　天板にクッキングシートを敷いて2を並べ、溶かしバターをかける。パプリカも並べ（写真 a ）、200度に予熱したオーブンで20分ほど焼く。器に盛り、あればクレソンを添える。

メインおかず ⇒ 肉

なすカップのミートソース焼き

じっくり焼いて甘みが増したなすと、ミートソースがマッチ。
なすの代わりにズッキーニで作るのもおすすめ。

材料（2人分）
なす …2本
→縦半分に切り、半分ほどくり抜く。
　くり抜いた部分はざく切り
ミートソース（P.61）…200㎖
ピザ用チーズ …30g
粉チーズ … 大さじ2
塩 … 適量
サラダ油 … 大さじ½
こしょう … 少量

作り方
1　なすのくり抜いた部分に塩小さじ⅓をふってもみ、水けを絞ってミートソースに加えて混ぜる。

2　なすにサラダ油をまぶし、塩少量、こしょうをふる。

3　耐熱容器に2を並べ、1を等分に詰めてピザ用チーズと、粉チーズをかける（写真a）。250度に予熱したオーブンで10〜15分焼く。

250℃
10-15分

Point
包丁でぐるりと切り目を入れてから、スプーンでくり抜く。くり抜いた部分はミートソースに混ぜて使用。

a

メインおかず

魚介

a

かじきのクリーム焼き

淡白なかじきに生クリームを合わせ、コク&うまみをプラス。
3色の野菜を組み合わせ、彩りもよく。

材料（2人分）
かじき…2切れ
A ズッキーニ…½本
　→7〜8mm角、5〜6cm長さの棒状に切る
　パプリカ…1個
　→7〜8mm幅、5〜6cm長さの棒状に切る
　玉ねぎ…¼個
　→3mm幅の薄切り
塩、小麦粉…各適量
こしょう…少量
白ワイン…大さじ½
生クリーム…100mℓ

作り方

1 かじきは塩小さじ⅓をふり、5分ほどおいて水けをふき、こしょう、小麦粉を薄くまぶす。

2 耐熱容器2個にAの各半量を等分に敷き、かじきを1切れずつのせ、白ワインを等分ずつかける。残りのAを等分にのせ、生クリームを等分ずつかけ、塩小さじ⅓、こしょうを等分にふる（写真a）。

3 220度に予熱したオーブンで15分ほど焼く。

Point
材料を重ねて、生クリームをかけて焼くだけ！　かじきに白ワインをふることで、臭みをカットし、風味もアップする。

メインおかず ⇒ **魚介**

a

いわしの
ハーブパン粉焼き

お腹にハーブを詰めて焼いて、青魚特有の臭みをカット。
カリカリに焼けたハーブパン粉が、なんともいい香りです。

作り方

1. いわしは塩をふって15分ほどおく。水けをふいてこしょうをまぶし、腹の中にタイムを2本ずつ入れる。

2. Aは混ぜ合わせる。

3. 耐熱容器に1を並べ、2をかける（写真a）。200度に予熱したオーブンで20分ほど焼く。

材料（2人分）
いわし…4尾
→頭を切り落として腹ワタを除き、
　水洗いして水けをふく
タイム（またはローズマリー）…8本
塩…小さじ½
こしょう…少量
A｜にんにく…1かけ→みじん切り
　｜パセリのみじん切り…大さじ2
　｜粉チーズ、パン粉（乾燥）…各大さじ3
　｜オリーブ油…大さじ1
　｜バジル、オレガノ（ともに乾燥）
　｜　…各小さじ1

＊バジルとオレガノがない場合は、パセリのみじん切りを
　大さじ3にすればOK。

Point

いわしの腹ワタは、腹の下を縦に切って包丁でかき出す。このとき、まな板に新聞紙などを敷くと、片付けがラク。

メインおかず ⇒ 魚介

a   b

鮭ときのこのマヨ焼き

2種類のきのこを使うことで、そのうまみは何倍にも！
蒸し焼きにすると、鮭もふっくらと仕上がります。

材料（2人分）
生鮭 … 2切れ
しめじ … 1パック
　→石づきを取り、小房に分ける
まいたけ … 1パック→食べやすくほぐす
塩 … 小さじ½
A｜マヨネーズ … 大さじ4
　｜酒 … 大さじ1
　｜ゆずこしょう … 小さじ1
ゆず … あれば適量

作り方

1. 鮭は塩をふり、10分ほどおいて水けをふく。Aは混ぜ合わせる。

2. 耐熱容器に鮭をのせ、Aの半量を塗る。しめじとまいたけをのせ、残りのAをかける（写真a）。アルミホイルをかぶせ、きっちりと閉じる（写真b）。

3. 220度に予熱したオーブンで20分ほど焼く。あればゆずを添える。

Point
マヨソースは半量を鮭に塗り、残りはきのこをのせた後にかける。2回に分けることで、ムラなく味がからむ。

スコップクリームコロッケ

丸めず、揚げずに作れるので、失敗知らず。浅めに詰めると、
サクサク面が多くなり、よりコロッケ感がアップ！

材料（2人分）
かに風味かまぼこ …4本
　→長さを半分に切り、ほぐす
ホワイトソース（P.61）…300㎖
A｜パン粉（乾燥）…1カップ
　｜オリーブ油、粉チーズ
　｜　…各大さじ2

作り方

1　Aを合わせてよく混ぜる。

2　ホワイトソースにかに風味かまぼこを加えて混ぜ、耐熱容器2個に等分に入れ、平らにする。1を等分にかけ（写真a）、全体にしっかりと押し広げる。200度に予熱したオーブンで20分ほど焼く。

200℃ 20分

a

メインおかず ⇒ 魚介

たこのエスカルゴ風

にんにくやパセリなどを混ぜた香味パン粉をたっぷりとのせて。
10分の焼き時間で、おつまみ風のおしゃれメニューが完成!

材料（2人分）
ゆでだこの足 … 2本（200g）
　→切り込みを入れながら
　　小さめの一口大に切る
A│にんにく … 1かけ→みじん切り
　│パセリのみじん切り … 大さじ2
　│バター … 20g
　│パン粉（乾燥）… 大さじ3
　│マヨネーズ … 大さじ2
　│レモン汁 … 小さじ1
　│粗びき赤とうがらし（韓国産）
　│　… 小さじ½
　│塩、こしょう … 各少量

作り方
1　Aは混ぜ合わせる。
2　耐熱容器にたこを並べ、1を全体にかける（写真a）。220度に予熱したオーブンで10分ほど焼く。

220℃ 10分

メインおかず ⇒ 魚介

a

えびのワンタン焼き

えびにまぶした細切りワンタンがパリパリッ！
手に持って、スナック感覚で食べられるのも魅力です。

材料（2〜3人分）
えび…10尾
→殻をむいて背ワタを取り、腹側に
2〜3か所切り目を入れ、のばす
ワンタンの皮…30枚
A │ 塩、こしょう…各少量
  │ 酒…大さじ½
B │ 小麦粉…大さじ2
  │ 水…大さじ1½
C │ にんにくのすりおろし…少量
  │ トマトケチャップ…大さじ3
  │ 水…大さじ1
  │ しょうゆ…大さじ½
  │ オイスターソース…小さじ1
  │ 豆板醤…小さじ½
サラダ油…大さじ1

作り方

1 えびはAを順にまぶし、混ぜたBを加えてからめる。Cを混ぜ合わせ、たれを作る。

2 ワンタンの皮にサラダ油をまぶし、1のえびに等分につける。

3 天板にクッキングシートを敷いて2を並べ（写真a）、200度に予熱したオーブンで7〜8分焼く。器に盛り、Cのたれを添える。

Point_1
ワンタンの皮に油を加え、混ぜて全体にまぶしつけておく。こうしておくと、こんがりと焼き色がつき、パリパリに。

Point_2
えびに細切りのワンタンを手でからめるようにしながらつける。尾の部分はまぶさなくてOK。

200℃
15分

メインおかず ⇒ 魚介

a

さばのねぎみそ焼き

切り身魚にねぎみそを塗って焼くだけ。誰でも失敗なく作れます。
こんがりと香ばしいみそ味で、ごはんがもう、いくらでも！

材料（2人分）
さば …2切れ
万能ねぎ …3本→小口切り
塩 …小さじ1/3
酒 …大さじ1
A │ しょうが …1かけ→すりおろす
　 │ みそ …大さじ1½
　 │ みりん …大さじ1
　 │ しょうゆ …小さじ1
しょうがの甘酢漬け…あれば適量

作り方

1. さばは塩をふって15分ほどおき、水けをしっかりふいて酒をまぶす。

2. Aを混ぜ合わせ、万能ねぎを加えて混ぜる。

3. 天板にクッキングシートを敷いて1を並べ、2に塗る（写真a）。200度に予熱したオーブンで15分ほど焼く。器に盛り、あればしょうがの甘酢漬けを添える。

Point
ねぎみそは、混ぜるだけなのでとても簡単。みその種類はお好みのものでOK。スプーンで皮側に等分に塗る。

180℃ 30分

メインおかず
⇩
卵

a → b

中華めん入り卵蒸し

中華めんでボリュームアップし、トッピングのザーサイやねぎが食感のアクセントに。茶わん蒸しがメインのおかずに昇格！

材料（2人分）
卵…2個
中華蒸しめん…1玉→**十字（4等分）**に切る
味付きザーサイ…30g→**せん切り**
ねぎ（上部）…1/3本
　→**5cm長さの白髪ねぎにし、水にさらす。
　　芯の部分は粗みじん切り**
ごま油…小さじ1
A｜湯…300mℓ
　｜顆粒中華スープの素…小さじ1/2
　｜塩…小さじ1/6
　｜こしょう…少量
粗びき黒こしょう…適量

作り方

1　味付きザーサイはごま油であえる。

2　ボウルにAを入れ、卵を割り入れ、溶きほぐす。

3　耐熱容器2個にめんと小口切りにしたねぎを等分に入れ、2をこしながら等分に加え（写真a）、アルミホイルをかぶせてきっちりと閉じる（写真b）。

4　天板にのせ、湯を天板の1cm高さまで注ぎ入れ、180度に予熱したオーブンで30分ほど焼く。1、水けをきった白髪ねぎをのせ、こしょうをふる。

Point
卵液はこしながら容器に加えれば、ラクチン。このひと手間で、舌ざわりがよくなり、おいしさもアップ！

メインおかず ⇒ 卵

a → b

食パン de キッシュ

パンを生地にして型に敷き込めば、パイ生地いらず。
フィリングは具がたっぷりで、食べごたえも満点です。

材料（直径18cmのタルト型1台分）
卵…2個
ウインナーソーセージ…4本→斜め切り
マッシュルーム缶（スライス）
　…1缶（固形45g）
食パン（サンドイッチ用）…6枚
A｜玉ねぎ…1/4個→みじん切り
　｜牛乳…100ml
　｜生クリーム（なければ牛乳）…50ml
　｜塩…小さじ1/5
　｜こしょう…少量
B｜バター…10g→室温に戻す
　｜マヨネーズ…大さじ2
　｜にんにくのすりおろし…少量
ピザ用チーズ…50g

作り方

1. ボウルに卵を溶きほぐし、Aを加えて混ぜる。Bは混ぜ合わせる。

2. 食パンを上下3枚ずつ、端を少し重ねながら広げ、めん棒で薄くのばす。型にのせ、はみ出た部分を中に折り込みながら、周りを指で押しつけるようにして縁取る（写真a）。

3. 2の内側にBを塗り、マッシュルームとソーセージを入れ、1の卵液を注いでピザ用チーズを散らす（写真b）。200度に予熱したオーブンで20分ほど焼く。

Point_1
めん棒で薄くのばすと、パン同士が自然とくっつく。パンが乾燥していたら、水で軽くしめらせるとよい。

Point_2
マッシュルームとソーセージは全体に広げながら入れる。具はほかに、ベーコンや炒めた青菜、きのこなどでもよい。

200℃
15分

メインおかず ⇒ 卵

a

パプリカの落とし卵焼き

パプリカカップにツナマヨを詰めてから、卵を落として。
こんがりマヨネーズととろ〜り卵が、驚くほどの好相性。

材料（2人分）
卵…2個
パプリカ（赤）…1個
　→横半分に切って種を取り、
　　穴をあけないようにヘタを切り落とす
ツナ缶（フレーク）…小1缶（80g）
　→缶汁を軽く絞る
玉ねぎ…¼個→みじん切り
塩…適量
A ｜ マヨネーズ…大さじ½
　｜ カレー粉…小さじ⅓
　｜ 塩…少量
マヨネーズ…適量
パセリのみじん切り…好みで適量

作り方

1. 玉ねぎは塩少量をふって混ぜ、水洗いして水けを絞り、Aを加えて混ぜる。ツナを加え、さらに混ぜる。

2. パプリカに1を等分に入れ、内側全体に広げる。卵を割り入れ、塩少量をふり、マヨネーズをぐるりと絞る（写真a）。200度に予熱したオーブンで15分ほど焼き、好みでパセリをふる。

Point
卵は器に割り入れてから、パプリカカップにそっと入れるのがコツ。こうすると、黄身がくずれにくい。

Column 1

3品同時に焼いてラクラク献立

ちゃちゃっと下ごしらえした3品を天板にのせて、あとはオーブンでほったらかし。献立が一気に作れるので、時間も光熱費も節約できて、後片づけもラクチン！

220℃ 20分

献立Menu

⇒ アスパラの肉巻き

⇒ かぼちゃのレモン蒸し

⇒ 焼ききのこの
　ポン酢あえ

3品同時に焼いてラクラク献立

アスパラの肉巻き献立

サブの2品をそれぞれホイル包みで蒸し焼きにすることで、味移りがなく、ヘルシーな仕上がりです。

a

材料（2人分）

〈アスパラの肉巻き〉
豚ロース薄切り肉…8枚
グリーンアスパラガス…4本
　→下の固い部分の皮をピーラーでむく
A｜しょうがのしぼり汁、酒…各大さじ1
　｜マヨネーズ…小さじ2
　｜塩…小さじ1/3

〈かぼちゃのレモン蒸し〉
かぼちゃ…200g→1.5cm厚さのくし形切り
レモンの輪切り…2枚
B｜湯…大さじ2
　｜はちみつ…大さじ1

〈焼ききのこのポン酢あえ〉
しめじ…1パック→石づきを取り、小房に分ける
生しいたけ…4枚→石づきを取り、半分に切る
酒…小さじ1
ポン酢しょうゆ…大さじ1/2

作り方

1　豚肉にAをまぶし、アスパラガス1本につき肉2枚を巻きつける。

2　アルミホイルにかぼちゃをおいてレモンをのせ、混ぜたBをかけ、包む。別のアルミホイルにしめじ、生しいたけをおいて酒をふり、包む。

3　天板にクッキングシートを敷いて1、2を並べ（写真a）、220度に予熱したオーブンで20分ほど焼く。きのこはポン酢しょうゆであえ、残りの2品とともに器に盛る。

Point_1
豚肉はアスパラガスに端からくるくるとらせん状に巻いていく。肉がはがれないよう、少しきつめに巻くとよい。

Point_2
サブおかずは、それぞれアルミホイルで包む。蒸気が逃げないよう、すき間ができないようにきっちりと包んで。

3品同時に焼いてラクラク献立

a

あじのごま焼き献立

あじの干ものにごまをまぶして、香ばしさがぐんとアップ。
きんぴら風はシャキシャキ、ホイル蒸しはホクホクと、食感の違いもgood。

材料（2人分）

〈あじのごま焼き〉
あじの干もの…2枚
A | 酒、小麦粉…各大さじ1
B | 白いりごま…大さじ2
　 | 黒いりごま…小さじ1

〈ブロッコリーのおかかホイル蒸し〉
ブロッコリー…½株→**小房に分ける**
C | 水…大さじ1
　 | 塩…小さじ¼
　 | 削り節…小½袋

〈れんこんとにんじんのきんぴら風〉
れんこん…小1節→**薄い輪切り**
にんじん…⅓本→**せん切り**
D | しょうゆ…大さじ1
　 | 砂糖、みりん…各大さじ½
　 | ごま油…小さじ1

作り方

1. A、Bはそれぞれ混ぜ合わせる。あじの身側にAを塗り、Bをまぶす。

2. アルミホイルにブロッコリーをおき、Cを順にかけて包む。

3. アルミホイルで12×12cmくらいの型を作り（汁けが逃げないように高さを2cmほど作る）、れんこん、にんじんを入れ、Dを加えてからめる。

4. 天板にクッキングシートを敷いて1、2、3を並べ（写真**a**）、220度に予熱したオーブンで15分ほど焼く。きんぴら風は混ぜ、残りの2品とともに器に盛る。

Point
ブロッコリーは、少量の水分を加えてホイル蒸しに。ゆでるよりも簡単で、食感もよく、甘みも感じられる。

ピーマンドリア献立

主食とおかずを兼ねたドリアは
ピーマン詰めにし、見た目にも楽しく。
卵のココット焼きは、ぜひ、ふわふわの焼き立てをどうぞ。

a

材料（2人分）
〈ピーマンドリア〉
ピーマン…3個 →縦半分に切り、種を取る
ウインナーソーセージ…6本
　→斜めに4本切り目を入れる
温かいごはん…200g
A│バター…10g
　│トマトケチャップ…大さじ2
　│カレー粉…小さじ1
　│塩、こしょう…各少量
ピザ用チーズ…30g

〈卵のふわふわココット焼き〉
卵…3個
B│牛乳…大さじ3
　│マヨネーズ…大さじ1
　│塩、こしょう…各少量

〈キャベツの粒マスタード蒸し〉
キャベツ…¼個 →半分のくし形に切る
C│粒マスタード、オリーブ油…各大さじ1
　│塩…小さじ¼

作り方

1. ごはんにAを加えて混ぜ、ピーマンに等分に詰める。ソーセージを1本ずつのせ、ピザ用チーズを等分にかける。

2. ボウルに卵を溶きほぐし、Bを加えて混ぜる。直径6〜7cmのココット2個に等分に入れ、アルミホイルをかぶせてきっちりと閉じる。

3. アルミホイルにキャベツをおき、混ぜたCをかけて包む。

4. 天板にクッキングシートを敷いて1、2、3を並べ（写真a）、220度に予熱したオーブンで15分ほど焼く。ココット焼きはアルミホイルをはずし、ピーマンドリアとキャベツの粒マスタード蒸しは器に盛る。

Point_1
ピーマンに詰めるケチャップごはんは、混ぜるだけでOK。冷やごはんだと、調味料が混ざりにくいので注意。

Point_2
キャベツは大きく切るので、適度に歯ごたえのいい仕上がりに。ホイルはすき間がないよう、きっちり閉じて。

3品同時に焼いてラクラク献立

220℃ 15分

献立Menu

⇒ ピーマンドリア

⇒ 卵のふわふわ
   ココット焼き

⇒ キャベツの
   粒マスタード蒸し

Column 2
あると便利な作り置きソース

まとめて作っておくと、グラタンやコロッケなどの
オーブン料理に大活躍してくれるソースをご紹介します。
経済的なうえにおいしいのも、手作りならでは！

使いみち
グラタンのほか、パスタソース、スープでのばしてシチューなどに。

使いみち
パスターソースのほか、グラタン、ラザニア、ミートパイなどに。

ホワイトソース

玉ねぎを一緒に炒めると、ダマになりにくい

材料（でき上がり500ml分）
- 玉ねぎ … ½個 →みじん切り
- バター … 40g
- 小麦粉 … 大さじ4
- 牛乳 … 600ml
- 塩 … 小さじ½
- こしょう … 少量

作り方

1. フライパン（または鍋）にバターを溶かし、玉ねぎを入れて中火でしんなりするまで炒める。小麦粉を加え、弱火で粉っぽさがなくなるまで炒める。

2. 牛乳を少しずつ加えながら、中火でそのつどよく混ぜる。牛乳をすべて入れて煮立ったら、5～6分弱火で煮、塩、こしょうで味をととのえる。

＊冷蔵庫で3～4日間保存可能

Point
小麦粉を加えたら、焦がさないように気をつけながら、木べらで底をこそげるようにして炒めるのがコツ。

ミートソース

じっくりと炒めた香味野菜がうまみのベース

材料（でき上がり700ml分）
- 合いびき肉 … 300g
- A │ 玉ねぎ … 1個
    │ にんじん … 1本
    │ セロリ … 1本
    │ にんにく … 1かけ
    │ →すべてみじん切り
- オリーブ油 … 大さじ3
- トマト水煮缶 … 1缶（400g）
  →細かくつぶす
- バター … 20g
- 白ワイン … 100ml
- ローリエ … 1枚
- 水 … 400ml
- 塩 … 小さじ1
- こしょう … 少量

作り方

1. 鍋にオリーブ油を熱してAを入れ、じっくりと中火で炒める。トマト水煮を加え、5～6分煮る。

2. フライパンにバターを溶かし、ひき肉を入れてそのままあまりさわらず、両面こんがりと焼く。木べらでパラパラになるまでほぐしながら炒め、白ワインを加え、煮立てる。

3. 1に2、ローリエ、分量の水を加え、煮立ったら弱火にし、ふたをしてときどき混ぜながら1時間ほど煮る。塩、こしょうで味をととのえ、ひと煮する。

＊冷蔵庫で約1週間保存可能

Point
野菜を写真のようなあめ色になるまで時間をかけて炒めることで、野菜の甘みが引き出され、うまみたっぷりに。

あると便利な作り置きソース

マッシュポテトソース

濃厚でクリーミーな味わいがなんといっても魅力

使いみち
ハンバーグなどのつけ合わせのほか、コロッケやグラタン、牛乳でのばしてスープなどに。

材料（でき上がり700㎖分）
じゃがいも
　…4個（600g）
　→4つ割りにして水洗いする
にんにく …½かけ
　→半分に切って芯を除く
A｜牛乳…200㎖
　｜バター…20g
　｜塩 …小さじ½
　｜こしょう …少量

作り方

1. 鍋にじゃがいも、にんにく、たっぷりの水を入れて強火にかけ、沸騰したら中火にし、じゃがいもに竹串がスッと通るまで10～15分ゆでる。

2. 湯を捨てて再び中火にかけ、水分をとばす。火を止め、熱いうちにマッシャーなどでつぶす。

3. Aを加えて中火にかけ、木べらで手早く混ぜながらひと煮する。

＊冷蔵庫で3～4日間保存可能

Point
マッシュしたじゃがいもに牛乳などを加えたら、再度火にかけ、ブクブクと煮立ってくるまで絶えず混ぜる。

Part 2

素材のおいしさを存分に！

野菜の
シンプルレシピ

野菜の持つうまみや甘みをぐっと引き出して
くれるのが、オーブン焼きです。
あれこれ手をかけなくても、シンプルに焼くだけで、
この満足感！　ムラなく均一に焼き上がるので、
野菜を大きめに切って食感や味わいを
楽しんだりできるのも、オーブンならでは。
そんな野菜のとっておきレシピ、ぜひ試してみてください。

180℃ 50分

220℃ 10分

250℃ 10分

野菜のシンプルレシピ

ブロッコリーの
オイルウォーター焼き　タイム風味

油と水を混ぜた「オイルウォーター」で
コーティングするから、ホクホク、しっとり！

a

材料（2人分）
ブロッコリー…1株
　→小房に分ける
タイム…3本
A｜オリーブ油、水…各大さじ1
　｜塩…小さじ1/3

作り方
1　Aは混ぜ合わせる。
2　ブロッコリーにAをからめる。
3　耐熱容器に2を入れてタイムをのせ（写真a）、220度に予熱したオーブンで10分ほど焼く。

Point
水分の少ない野菜も焼く前にオイルウォーターであえることで、パサパサに乾燥せず、しっとりとした焼き上がりに。

にんじんの和風
オイルウォーター焼き

「オイルウォーター」をごま油でアレンジ。
しょうゆで調味すると、なんとも香ばしい！

b

材料（2人分）
にんじん…2本
　→皮付きのまま長さを半分に切り、
　　上部を縦半分に切る
A｜ごま油、水、しょうゆ…各大さじ1/2

作り方
1　Aは混ぜ合わせる。
2　にんじんにAをからめる。
3　耐熱容器に2を入れ（写真b）、180度に予熱したオーブンで50分ほど焼く。

アスパラの
落とし卵焼き

途中で卵を割り入れ、仕上げます。
半熟仕上げの卵をからめながら、どうぞ。

c

材料（2人分）
グリーンアスパラガス…6本
　→下の固い部分の皮をピーラーでむく
卵…1個
A｜オリーブ油、水…各大さじ1/2
　｜塩…小さじ1/3

作り方
1　Aは混ぜ合わせる。
2　アスパラガスにAをからめる。
3　耐熱容器に2を入れ（写真c）、250度に予熱したオーブンで5分ほど焼く。取り出して卵を割り入れ、さらに5分ほど焼く。

180℃ 60分

丸ごと玉ねぎのロースト

玉ねぎを皮付きのままじっくりじっくり焼くことで、甘みがぐっと引き出され、とろりとした食感に。

a

材料（2人分）
玉ねぎ …2個
　→皮付きのままよく洗い、
　　10分ほど水にひたす
塩 …好みで適量

作り方

1　玉ねぎは水けをさっときる。

2　天板にクッキングシートを敷いて1を並べ（写真a）、180度に予熱したオーブンで60分ほど焼く。器に盛り、皮をむいて好みで塩をかけながら食べる。

ローストポテト

小麦粉や油などをからめると、まるでポテトフライのような焼き上がり！ カレー粉で、ちょっぴりスパイシーに。

材料（2人分）
じゃがいも … 3個
　→皮付きのまま縦6〜8つ割りにする
A｜小麦粉、サラダ油 … 各大さじ2
　｜水 … 大さじ1
　｜顆粒コンソメスープの素 … 小さじ1
　｜カレー粉 … 小さじ½
　｜塩 … 少量

作り方

1. じゃがいもは水洗いしてでんぷんを落とし、水けをきる。Aは混ぜ合わせる。
2. じゃがいもにAをからめる。
3. 天板にクッキングシートを敷いて 2 を並べ（写真a）、200度に予熱したオーブンで30分ほど焼く。

a

200℃ 30分

アボカドの明太子焼き

アボカドのもつクリーミーな食感をより楽しめます。
明太子との相性もバッチリ！ おつまみにもおすすめ。

250℃ 10分

a

材料（2人分）
アボカド … 1個
　→半分に切って種を取る
からし明太子 … 1腹→薄皮を取る
レモン汁、オリーブ油 … 各小さじ1
チリパウダー … 好みで少量
万能ねぎ … あれば適量

作り方

1. 明太子にレモン汁を加えて混ぜ、アボカドの穴に詰める。

2. 天板にクッキングシートを敷いて1を並べ（写真a）、250度に予熱したオーブンで10分ほど焼く。

3. 器に盛り、オリーブ油をかけて好みでチリパウダーをふり、あれば斜め切りにした万能ねぎをのせる。

220℃ / 40分

かぼちゃのオレンジ焼き

オレンジジュースの甘酸っぱさと
かぼちゃの甘みが好相性。
フルーティーな味わいがクセになりそう!

a

b

材料(2人分)
かぼちゃ…300g
→皮をところどころむき、2cm厚さ
　くらいの大きめのくし形に切る

A │ オレンジジュース(果汁100%)
　│ 　…150㎖
　│ はちみつ…大さじ2
　│ レモン汁…大さじ1

作り方
1. 耐熱容器にかぼちゃを入れ、混ぜたAをかける(写真a)。アルミホイルをかぶせてきっちりと閉じ(写真b)、220度に予熱したオーブンで30分ほど焼く。
2. アルミホイルをはずし、さらに220度で10分ほど焼く。

200℃ 15分

れんこんのなめたけ焼き

しっかり味のなめたけを調味料代わりに。
れんこんの歯ごたえを残す焼き加減がおいしさの決め手。

a

材料（2人分）
れんこん…1節
　→皮付きのまま7〜8mm幅の輪切り
A｜なめたけ（市販品）…大さじ3
　　練りわさび、オリーブ油
　　　…各小さじ1

作り方

1　Aは混ぜ合わせる。

2　天板にクッキングシートを敷いてれんこんを並べ、1を等分にのせる（写真a）。200度に予熱したオーブンで15分ほど焼く。

しいたけカップの塩辛焼き

焼くことでうまみがギュッと凝縮したしいたけが美味。
いかの塩辛にバターのコクをプラスし、お酒にもよく合う一品に。

材料（2人分）
生しいたけ…6枚
　→**軸を取る。軸はみじん切り**
いかの塩辛…60g
バター…10g→**室温に戻す**
七味とうがらし…好みで適量

作り方

1. いかの塩辛、バター、しいたけの軸を合わせて混ぜる。

2. 天板にクッキングシートを敷いてしいたけをヒダがある方を上にして並べ、1を等分にのせる（写真a）。250度に予熱したオーブンで7分ほど焼く。器に盛り、好みで七味とうがらしをふる。

a

250℃
7分

250℃ 8分

ホットピクルス

食感を残しつつ、味がしっかりからみ、
焼いてすぐに食べられます。
もちろん、冷やしても美味。

 a  b

材料（作りやすい分量）
パプリカ（黄）…1個 →**棒状に切る**
にんじん…½本
　→**パプリカと同じくらいの棒状に切る**
紫玉ねぎ（または玉ねぎ）…½個
　→**1cm幅のくし形切り**
A ┃ ローリエ…1枚
　┃ 赤とうがらし…1本
　┃ 白ワインビネガー（または酢）…50ml
　┃ 水…大さじ3
　┃ 白ワイン、砂糖…各大さじ2
　┃ 塩…小さじ½

作り方

1. Aは混ぜ合わせる。
2. 耐熱容器にパプリカ、にんじん、紫玉ねぎを入れ、1を加える（写真a）。アルミホイルをかぶせてきっちりと閉じ（写真b）、250度に予熱したオーブンで8分ほど焼く。

＊清潔な保存容器に入れておけば、
　冷蔵庫で約1週間保存可能。

野菜のシンプルレシピ

材料（2人分）
長いも … 20cm
→皮付きのまま長さを半分に切り、
　4つ割りにする
A ｜ 梅肉 … 大さじ1½
　　にんにく … 1かけ→すりおろす
　　オイスターソース、ごま油 … 各大さじ½
　　砂糖、しょうゆ、酒 … 各小さじ1
万能ねぎ … あれば適量→小口切り

作り方
1. Aは混ぜ合わせる。
2. 天板にクッキングシートを敷いて長いもを並べ、1を塗る（写真a）。200度に予熱したオーブンで15分ほど焼く。器に盛り、あれば万能ねぎをふる。

a

長いもの梅オイスター焼き

長いもを大ぶりに切ると、独特のほくほく感を楽しめます。
梅の酸味も、焼くことでマイルドに。

200℃ 15分

Column 3

ひと皿で満足!
ごはん&パンレシピ

休日のランチやあれこれ何品も作りたくないときに
おすすめのごはんとパンのオーブンメニューをとりそろえました。
どれも1品で食べごたえ満点です。

180℃
30分

ひと皿で満足！ごはん&パンレシピ

a　　→　　b

チョリソとピーマンの
ジャンバラヤ風

スパイシーな炊き込みごはん「ジャンバラヤ」をオーブンで。
チョリソをソーセージに代えれば、子どもも食べやすい。

材料（2人分）
米 … 1合（180mℓ）
　→洗ってざるに上げ、水180mℓに30分以上ひたす
チョリソ（またはウインナーソーセージ）
　… 3本→1cm幅に切る
ピーマン … 2個→粗みじん切り
玉ねぎ … 1/4個→粗みじん切り
A｜にんにくのすりおろし … 少量
　｜オリーブ油 … 大さじ1
　｜トマトケチャップ … 大さじ1/2
　｜チリパウダー、クミンパウダー
　｜　（またはカレー粉）… 各小さじ1/2
　｜塩 … 小さじ1/3

作り方

1　耐熱容器に米を浸水させたまま入れ、Aを加えて混ぜる。玉ねぎ、ピーマン、チョリソをのせる（写真a）。

2　アルミホイルを二重にしてかぶせてきっちりと閉じ（写真b）、180度に予熱したオーブンで30分ほど焼く。取り出し、そのまま10分ほど蒸らす。

＊蒸らしたあと、米がかたい場合は、ラップをかけて電子レンジで5分ほど加熱するとよい。

Point
米に調味料などを加えてよく混ぜてから、具を順にのせる。具をのせたあとは、混ぜずに焼く。

オイルサーディン ごはん

魚はめんどうな下処理いらずの缶詰を使えば、ラクチン。
一緒に炊き込んだごはんにも、うまみがしっかり！

180℃
30分

材料（2人分）
米…1合（180ml）
→洗ってざるに上げ、
　水180mlに30分以上ひたす
オイルサーディン缶…1缶（110g）
マッシュルーム…½パック
　→石づきを取って半分に切る
プチトマト…6個→ヘタを取る
A｜白ワイン…大さじ1
　｜塩…小さじ⅓

作り方

1. 耐熱容器に米を浸水させたまま入れ、Aを加えて混ぜる。オイルサーディンを缶汁を軽くきってのせ、空いた所にマッシュルーム、プチトマトをのせる（写真a）。

2. アルミホイルを二重にしてかぶせてきっちりと閉じ（写真b）、180度に予熱したオーブンで30分ほど焼く。取り出し、そのまま10分ほど蒸らす。

　＊蒸らしたあと、米がかたい場合は、ラップをかけて
　　電子レンジで5分ほど加熱するとよい。

a → b

ひと皿で満足！ごはん＆パンレシピ

焼きのり巻き2種

ごはんを外側にして巻き、焼きおにぎり風にアレンジ。
"梅おかか"と"ツナマヨ"、2種類の具でいただきます！

材料（2〜3人分）
ごはん…500g
焼きのり…2枚
A ｜ 梅肉…大さじ1
　｜ 削り節…1パック
　｜ ねぎのみじん切り、白いりごま…各大さじ1
B ｜ ツナ…小1缶（80g）
　｜ 玉ねぎのみじん切り…大さじ1
　｜ 青じそのせん切り…5枚分
　｜ マヨネーズ…大さじ2
ごま油…大さじ½
C ｜ しょうゆ…大さじ1
　｜ みりん…大さじ½

作り方

1　A、Bはそれぞれ混ぜる。

2　ラップを広げて焼きのり1枚をのせ、ごはんの半量をのせて、手でまんべんなく広げる。裏返し（焼きのりの面が上になる）、向こう側を3cm残してAを平らに広げ、巻く。残りの1本もBを具にして同様に巻く。

3　天板にクッキングシートを敷き、2をのせ、ごま油を塗る（写真a）。250度に予熱したオーブンで7分ほど焼き、取り出して、混ぜたCを塗り、さらに250度で5〜6分、こんがりとするまで焼く。食べやすく切って器に盛る。

250℃ 12-13分

Point
ラップを使えば、巻きすがなくても大丈夫。ラップを持ち上げて手前から巻く。

a

ひと皿で満足！ ごはん＆パンレシピ

a

丸ごとパングラタン

パンを丸ごと器にするから、見た目のインパクト大！
火の通りやすい具と作り置きのソースで、思った以上に簡単。

材料（3〜4人分）

フランスパン（バタール）…1本
　→上部¼で切り、下部の中身をくり抜く
ウインナーソーセージ…6本
　→斜め半分に切る
グリーンアスパラガス…4本
　→下の固い部分の皮をピーラーでむき、
　　3〜4cm長さに切る
マッシュルーム…½パック
　→石づきを取って薄切り
ホワイトソース（P.61）…300㎖
　→冷たければ、電子レンジ（または鍋）で温める
ピザ用チーズ…60g

作り方

1. パンのくり抜いた部分にホワイトソースの半量を入れ、ソーセージ、アスパラガス、マッシュルームをのせる。残りのホワイトソースをかけ、ピザ用チーズを散らす。

2. 天板にクッキングシートを敷いて1をのせ（写真a）、220度に予熱したオーブンで20分ほど焼く。好みで上部のパンを添える。

＊くり抜いたパンは、1cm角に切って油でカリッと焼いてクルトンにしたり、乾燥させてからすりおろしてパン粉にしても。

Point_1
パンの周囲（1cmくらい内側）を、包丁でぐるりと切り目を入れておくと、手でくり抜きやすい。

Point_2
ホワイトソースが冷たいと焼き時間が長くなるので、あらかじめ温めておく。具をサンドするように入れる。

079

ひと皿で満足！ ごはん＆パンレシピ

フレンチトースト

220℃ 15分

オーブンなら、途中の火加減の調整や裏返す手間いらず。
ほったらかしでも焦げることなく、ふわふわの焼き上がりです。

a

材料（2人分）
食パン（4枚切り）…2枚
卵…2個
A ┃ 牛乳…200㎖
　 ┃ 生クリーム…100㎖
　 ┃ 砂糖…大さじ1
バター…20g
メープルシロップ…適量

作り方

1. バットに卵を溶きほぐし、Aを加えて混ぜる。食パンを加えてひたし、ラップをかけて冷蔵庫に5時間〜ひと晩おく（できれば途中、1〜2回上下を返す）。

2. 天板にクッキングシートを敷き、1のパンを並べ（写真a）、220度のオーブンで15分ほど焼く。器に盛り、バターをのせ、メープルシロップをかける。

Part
3

華やか＆ラクチン！

ちょこっと ごちそうメニュー

家族の誕生日やクリスマスなどのイベント、
気の合う仲間とワイワイ食べたいおもてなしごはん、
そんなときにも大活躍するのが、オーブンです。
ごちそうメニューとはいいつつも、
オーブンにほったらかしなのはお約束。
ふだんのおかずをちょこっとおもてなし仕様に
アレンジするくらいの手軽さなので、気楽にトライできます。

300℃ 5分 ⇒ 150℃ 40分

ちょこっとごちそうメニュー

a → b

ローストポーク

まず高温で表面を焼き固め、低温でじっくり焼き上げます。
混ぜるだけでOKの香りのいいトマトソースを、たっぷりかけて。

材料（4人分）
豚ロースかたまり肉…600g
　→冷蔵庫から出し、1時間ほど室温におく
じゃがいも（小粒）…500g
　→皮付きのままよく洗う
にんにく…1玉
　→水に10分ひたし、水けをきる
玉ねぎ…¼個→薄切り
にんじん…¼本→薄切り
塩、粗びき黒こしょう…各小さじ1
オリーブ油…大さじ1
A｜プチトマト…1パック→粗みじん切り
　｜紫玉ねぎ（または玉ねぎ）…¼個
　｜　→みじん切り
　｜香菜…あれば2株→みじん切り
　｜レモン汁…大さじ½
　｜塩…小さじ1
　｜クミンパウダー（またはカレー粉）
　｜　…小さじ½
クレソン…あれば適量

作り方

1　豚肉は塩、黒こしょうをすり込む。じゃがいもはオリーブ油をからめる。Aは混ぜ合わせる。

2　天板にクッキングシートを敷き、玉ねぎとにんじんをおき、その上に豚肉をのせる（写真a）。300度（最大温度が250度の場合は、250度）に予熱したオーブンで5分ほど焼く。

3　取り出し、じゃがいもとにんにくをのせ（写真b）、温度を150度に下げて40分ほど焼く。取り出し、豚肉にアルミホイルをかぶせ、15分ほどおいて落ちつかせる。

4　豚肉を食べやすく切ってじゃがいも、にんにくとともに器に盛り、Aのソース、あればクレソンを添える。

Point
肉の外側と内側の火の入り方をなるべく均一にするため、豚肉は室温に戻す。また、下味はしっかりつけるとおいしい。

ちょこっとごちそうメニュー

a

エスニックセサミチキン

豪快な骨付き肉を使えば、それだけでもうごちそう！
皮はパリッ！ 身はジューシーなのも、オーブンならでは。

材料（4〜6人分）
鶏もも骨付き肉 … 4本
　→骨に沿って切り込みを入れ、
　　軟骨から半分に切る
香菜 … 3株
A｜にんにく … 2かけ→みじん切り
　｜レモンの皮（国産）… ½個分
　｜　→みじん切り
　｜ナンプラー … 大さじ1 ½
　｜砂糖、しょうゆ、オイスターソース
　｜　… 各大さじ½
　｜塩、こしょう … 各少量
白いりごま … 大さじ2

作り方

1. 鶏肉にAをまぶし、冷蔵庫で2時間以上おく。

2. 天板にクッキングシートを敷き、1を並べ、白ごまをまんべんなくふる（写真a）。180度に予熱したオーブンで30〜40分、こんがりとするまで焼く。器に盛り、香菜を添える。

Point_1 鶏肉は皮の反対側を上にし、骨に沿って縦に切り込みを入れてから、軟骨の所に包丁を入れ、半分にする。

Point_2 鶏肉にしっかりと味をつけるため、最低でも2時間は漬けておく。できれば6時間〜ひと晩漬けられるとベター。

a

えびとほたてのごちそうグラタン

ごろごろと大ぶりの魚介を加え、ごちそう感をぐんとアップ。
チーズは2種類かけると、コクが増しておいしいのでぜひ!

材料（4〜6人分）
えび…12尾
　→殻をすべてむき、
　　背側に切り目を入れて背ワタを取る
ほたて貝柱…6個→半分に切る
マカロニ…80g
ホワイトソース（P.61）…500mℓ
A｜塩、こしょう…各少量
　｜白ワイン…大さじ2
塩…適量
ピザ用チーズ…60g
粉チーズ…大さじ3

作り方

1. 耐熱皿にえびとほたてを並べ、Aを順にまぶす。ラップをふんわりとかけて、電子レンジで4分ほど加熱する。

2. マカロニは塩を加えた熱湯で、袋の表示時間よりも3分長くゆで、ざるに上げる。

3. ホワイトソースに1の蒸し汁を加え、電子レンジ（または鍋）で温め、ひと煮立ちさせる。

4. 耐熱容器に3を少し敷き、えび、ほたて、マカロニを入れ、残りの3をかける。ピザ用チーズ、粉チーズをかけ（写真a）、200度に予熱したオーブンで20分ほど焼く。

Point
電子レンジ加熱して出てきた蒸し汁は、魚介のうまみたっぷり。捨てずにホワイトソースに加える。

ちょこっとごちそうメニュー

a

ミートローフ

作るのは簡単なのに、見栄えはとっても豪華。
オーブンまかせで、ふっくらジューシーに焼き上がります。

材料（4〜6人分）
合いびき肉…400g
ベーコン…10枚
玉ねぎ…1個 →みじん切り
サラダ油…大さじ½
A｜卵…1個
　｜パセリのみじん切り…½カップ
　｜生パン粉…½カップ
　｜牛乳…大さじ2
　｜塩…小さじ1
　｜こしょう…少量
　｜ナツメグ…あれば小さじ⅓
　｜シナモンパウダー…あれば少量
ベビーリーフ…あれば適量

作り方

1　フライパンにサラダ油を熱し、玉ねぎを入れてしんなりするまで炒め、冷ます。

2　ボウルにA、1を入れて混ぜ、ひき肉を加えて粘りが出るまでよく練り混ぜる。肉だねを上からたたきつけ、中の空気を抜く。

3　天板にクッキングシートを敷き、ベーコンを少し重ねながら縦に並べ、上に2をなまこ形にしてのせ、くるっと巻いて形を整える（写真a）。

4　200度に予熱したオーブンで40分焼く。10〜20分おいて落ちつかせ、食べやすく切って器に盛り、あればベビーリーフを添える。

Point　肉だねを重ねたベーコンの真ん中あたりにおき、クッキングシートを持ち上げながら巻く。巻き終わりを下にして、焼く。

ちょこっとごちそうメニュー

a

いかめし

生米ではなく、炊いたごはんから作るので、驚くほど簡単！
オーブンから漂うバターじょうゆの香りが食欲をそそります。

材料（4人分）
するめいか…2杯
　→足、ワタ、軟骨を取り、水洗いする。
　　足は1cm幅に切る
ごはん…150g
A｜しょうが…1かけ→みじん切り
　｜酒、みりん、しょうゆ…各大さじ½
B｜しょうゆ…大さじ2
　｜砂糖、酒、みりん…各大さじ1
バター…20g

作り方

1　ボウルにごはん、いかの足、Aを合わせて混ぜる。これをいかの胴に等分に詰め、口を楊枝でとめる。上面に8本ほど切り目を入れる。

2　Bは混ぜ合わせる。

3　耐熱容器に1を並べ、2を加える（いかの上から全量をかけると、ごはんが水っぽくなってしまうのでさっと塗る程度にし、残りは容器の空いた所から加える）（写真a）。200度に予熱したオーブンで15分ほど焼き、バターをのせ、さらに200度で6〜7分、こんがりとするまで焼く。

Point
いかの足と調味料を混ぜたごはんは、スプーンでいかに詰める。ごはんなら、生米から作るよりも焼き時間が少なくてすむ。

ちょこっとごちそうメニュー

a

シェパーズパイ

マッシュポテトとひき肉を重ねたイギリス料理。
一度食べれば、リピート間違いなしのおいしさです。

材料（4人分）
合いびき肉 … 300g
玉ねぎ … 1個 →みじん切り
マッシュポテトソース（P.62）… 600mℓ
　　→冷たければ、電子レンジ（または鍋）で温める
サラダ油 … 大さじ½
A ｜ バジル（乾燥）… 小さじ2
　 ｜ 塩 … 小さじ⅔
　 ｜ こしょう … 少量
粉チーズ … 大さじ4
オレガノ（乾燥）… 小さじ2

作り方

1. フライパンにサラダ油を熱し、玉ねぎを入れてしんなりするまで炒める。ひき肉を加え、色が変わるまで炒めてAを加え、混ぜる。

2. 耐熱容器にマッシュポテトソースの半量を広げ、1を入れて広げる。残りのマッシュポテトソースを入れて広げ、好みで表面にフォークの先で筋をつける。粉チーズ、オレガノをふり（写真a）、200度に予熱したオーブンで20分ほど焼く。

Point
まず玉ねぎを炒めて甘みを引き出してから、ひき肉を投入。色が変わってパラパラになったら調味する。

えびとマッシュルームのアヒージョ

250℃ / 15分

スペインの定番の小皿料理（タパス）も、オーブンなら簡単。
ぷりっぷりのえびと香りのいいマッシュルームは定番の組み合わせ。

材料（4人分）
- えび…200g →殻をすべてむき、背ワタを取る
- マッシュルーム…1パック →石づきを取る
- にんにく…2かけ →みじん切り
- オリーブ油…100㎖
- 赤とうがらし…1本 →半分に折る
- 塩…小さじ1/3
- オレガノ（乾燥）…小さじ1/2

＊オレガノは、なければパセリ、バジルなどでもOK。

作り方

1. 耐熱容器にすべての材料を入れて混ぜる（写真a）。
2. 250度に予熱したオーブンで15分ほど焼く。

＊残った油は、じゃがいものオイル煮（一口大に切ったじゃがいもを油に入れ、中火でじっくりと煮る）、パスタソースなどに使うのがおすすめ。

プチトマトのアヒージョ

250℃ 5-6分

トマト、にんにく、バジルは、最高の相性！
パンや生野菜を添え、油をつけながら食べるのもおすすめ。

材料（4人分）

プチトマト … 1パック（18〜20個）
　→ヘタを取り、少し切り込みを入れる
にんにく … 1かけ→みじん切り
バジルの葉 … 10枚
A｜オリーブ油 … 1/3カップ
　｜塩 … 小さじ1/4
粗びき黒こしょう … 適量

作り方

1. 耐熱容器にプチトマト、にんにく、Aを入れて混ぜる（写真a）。
2. 250度に予熱したオーブンで5〜6分焼き、バジルをのせて、黒こしょうをふる。

※残った油の使い方は、左ページを参照。
　酢と混ぜてドレッシングにするのもおすすめ。

藤井 恵 (ふじい めぐみ)

料理研究家。管理栄養士。
2女の母親としての実生活から生まれた、わかりやすくてセンスのいい家庭料理が人気。料理番組『キユーピー3分クッキング』をはじめ、雑誌、イベントなどで幅広く活躍中。著書に『藤井 恵 私の好きな薬味たっぷりレシピ』(家の光協会)、『やせつまみ100』(主婦と生活社) など。
「ほっとくだけでおいしい料理が作れるのが、オーブンのいいところ。オーブンは、毎日のごはん作りにおすすめのお役立ちアイテムです」

オフィシャルブログ『ごはんにしましょ！』
http://ameblo.jp/fujii-megumi/

staff

撮影…小林キユウ
スタイリング…しのざきたかこ
カバー・本文デザイン…細山田光宣、藤井保奈（細山田デザイン事務所）
編集…田子直美
校正…くすのき舎
器協力…UTUWA ☎03-6447-0070

手間いらずで、ここまでおいしい!!
のせて焼くだけ オーブンレシピ

著　者　　藤井 恵

発行者　　永岡純一

発行所　　株式会社　永岡書店
　　　　　〒176-8518　東京都練馬区豊玉上1-7-14
　　　　　☎ 03-3992-5155（代表）
　　　　　☎ 03-3992-7191（編集）

印刷・製本　クループリンティング

ISBN 978-4-522-43454-3　C2077

落丁・乱丁本はお取り替えします。
本書の無断複写・複製・転載を禁じます。②